Jamais Jamais

B型
自分の説明書

毒が出る

もろい・ガラス製

文芸社

はじめに

商品には説明書がついています。
人間にはコトバがあります。
だから自分の口で説明することができます。

せつ―めい【説明】
内容・理由・事情などを分かりやすく言うこと。

(日本語大辞典より)

などを分かりやすく言うこと。
分かりやすく言うこと。
分かりやすく。

分かりやすく。

早速、説明書をつくりましょう。

目　次

はじめに ……………………………………………… 3

1　本書の使い方 ……………………………………… 8

2　基本操作────────自分／行動 ………… 11

3　外部接続────────他人 ………………… 36

4　色々な設定──────傾向／趣味／特技 …… 68

5　プログラム──────仕事／勉強／恋愛 …… 81

6　トラブル・故障した時は──自己崩壊 ………… 87

7　メモリー・その他────記憶／日常 ………… 90

8　その他シミュレーション──その時Ｂ型なら …… 109

9　計算の仕方────────Ｂ型度チェック …… 114

さいごに ……………………………………………… 117

Ｂ型自分の説明書

1　本書の使い方

これは、
自分をうまく説明したいＢ型の、Ｂ型の実態を知りたいＢ型以外のための、Ｂ型説明書です。

「Ｂ型です」「あーやっぱり」とか、「Ｂ型って自己中」など、たいていＢ型ってだけで世間の風は冷たく吹きます。ぴゅー。
だから、初対面なのに全てを悟られたような、そんな空気が流れます。
でもね、
人一倍「自分を分かってほしい」Ｂ型だから、自分のことを誤解されるといてもたってもいられません。ムシャクシャします。
ところが、
人一倍口べたなＢ型だから、自分像を表す言葉がぐちゃぐちゃにこんがらがってシンプルな言葉で表現できません。言いたいことは山ほどあるのに。
世間一般に言われるＢ型像はきっと表の部分。じゃあ、裏は一体どーなってるの？
それは全く逆かもしれない。あるいは全く別モノかもしれない。
では１つ例を。
　　表「Ｂ型は楽観主義。深く考えない」
いえいえ、

裏「B型は深く深く考えます」
なぜ、この矛盾が生まれるの？
それは、
うまく説明できないからです。
うまく説明できないと相手に伝わらない。伝わらない相手には説明すらしたくない。
泣く泣く言葉を飲み込む。悪循環。よってここに、誤解が生じるわけなのです。
もどかしいのはもうたくさん。
「あなたはどういう人ですか？」
「私はこういう人間です」
を、うまく表現するにはまず、
自己分析から始めてみましょうか。

＜本書完成までのSTEP＞

1 ページをめくるその前に、「あくまでB型の傾向っぽい」と頭で唱える。
 じゃないと「違うよこれ。当たってない」とムキになります。
2 外では決して1人で読まないこと。恥をかきます。やれば分かるその理由。
3 さて、まずはご一読。冷静さは捨てましょう。
4 当てはまる項目にチェックを入れる。説明書完成。

5　誰かとお近づきになる。
6　「いよいよ自己紹介」に胸おどらせておく。
7　自分説明書を読んでもらう。また、予習暗記して口答で実践もよし。
8　相手と仲よしになる。ケンカもする。一段落。
9　応用して、今度は自分の言葉で説明書を作ってみる。

2　基本操作

自分／行動

「私は」「B型は」「あの人は」

☐　B型が好き。(血液型としても、B型の人も)

☐　楽天家って言われるけど、実は結構考えてる。

☐　だけど楽天的な時もある。

☐　根暗だ。

☐　**集団行動の中で１人だけフラフラ散歩したりする。**

☐　時には人生まで賭ける。

- □ **「変」て言われるとなんだかウレしい。**

- □ 気になると即行動。

- □ その時の行動力はすさまじい。

- □ **だけど、興味ないとどーでもいい。**

- □ 口べた。

- □ 人に全てを明かさないことを、こっそり楽しむ。

- □ **突然、何かしでかす。**

- □ **自分論がめじろおし。**

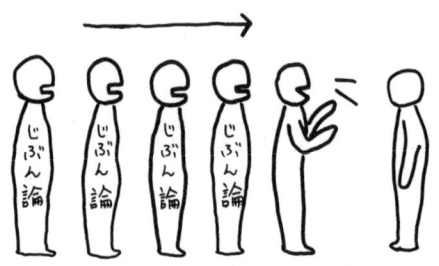

- ☐ 大勢でワイワイは好き。

- ☐ でも1人が好き。

- ☐ でもさみしがり屋。

- ☐ 割と小心。

- ☐ 時には気分で小心をも乗り越える。

- ☐ だから本番に強い。

- ☐ 人見知り。

- ☐ だけど、気分で人見知りをも乗り越える。

- ☐ 人と同じは嫌。絶対。

- ☐ **ホントはガラスの心を持っている。**

- ☐ だから傷つきやすい。

- **自分がわからなくて迷子になる。**

- それでグルグルする。

- でもめんどくさくなって「や〜めた」ってなる。

- そしてまた迷子になる。という繰り返し。

- あげく他人をも混乱に陥れる。

- たまにおどろくほど人の役に立つ。

- でも照れ隠ししちゃう。だってマレすぎてどーしていいかパニック。

- だけど、心の中では誰よりも「よっしゃー！！」って飛び上がりたい。

- 生まれる時代や場所をまちがえた？　と思う時がある。

- **「不可能なことなんてホントはないんじゃないかな？」って思う。**

- でもやらない。

☐ 言いわけするとなんか白々しい。

☐ だからあんまりしない。

☐ それゆえ誤解を受けやすい。

☐ 結果、落ち込む。どん底。

☐ 白か黒！ YESかNO！ 好きか嫌い！
あいまいにすんなっ。

☐ 会話に主語がない。

☐ お金の使い方が、なんかどっか人と違う。

☐ 人の顔、名前、あんまり覚えてない。というか覚えない最初から。

- [ ] 「人にはそれぞれの意見がある」のは認めるけど、その意見は認めない。決して。

- [ ] 話が飛ぶ。

- [ ] **のは「それまでの過程」を頭の中で考えてるから。自分の中ではつながってる。**

- [ ] でもそれを人に説明するのはめんどくさいし、表現できない。

- [ ] おうち大好き。

- [ ] ジンクスを自分で作る。でも、自分の中でだけ。

- [ ] 感覚的なことなら、何やっても結構できる。

- [ ] でもそれ以上はいかないまま飽きる。

□ 何かにハマっても、ハマるところが他と違う。
例えばスポーツ。
「昨日の試合、○○が△△だったよねー」
そうじゃなくて、選手じゃなくて、あのスポーツの臨場感が好きなんだよなぁ。

□ でも、選手にハマったらとことん。

□ **右と言われれば左と言う。それが基本。**

□ 目標まではつっ走る。達成しちゃえば後はおざなり。

□ 過去を振り返ってウジウジするけど、後悔はない。

□ それも自分の糧となる。

- [ ] 考え事中に次の考えが浮かぶと、その前のことは忘れる。思い出せない。

- [ ] だから、同じ状況を作って何がなんでも思い出そうとする。

- [ ] そうこうしてるうちに全部忘れる。

- [ ] あれなんだったっけ？　と数分粘った割にアッサリあきらめる。

- [ ] と思った瞬間思い出すが、たいがいどーでもいいことだった。

- [ ] 全然分からなかったのに、急に理解できる。

- [ ] ↑なんでか分からない。

- [ ] なんかいつも遠回り。でもそれがないと今がない。

- [ ] **くだらないことに一生懸命。**

- [ ] 「ウソ」は嫌い。「秘密」は大好き。
- [ ] だからウソは覚悟してつく。
- [ ] 調子にのりすぎてコケる。
- [ ] なんたって器用貧乏。
- [ ] 放浪したい。
- [ ] しかもお金は現地調達の「どーにかなる旅」。
- [ ] 自分について多くを語らない。(特定の人物以外には)
- [ ] のは、昔よくやってたから。でももう色々悟ってしまった。
- [ ] そんなかつての自分のなんて青臭いことか。
- [ ] **芸術家みたいに無心で発狂したい。**
- [ ] 頭もかきむしりたい。
- [ ] **地面に寝転がりたくなる。**

☐ **歩いてるとき、道のでっぱりに上る。**

☐ タイルとか横断歩道の模様ごとに歩いちゃう。

☐ UFOキャッチャーが割と好き。

☐ **でもハマると恐いから近づかない。**

☐ 地味なコインゲームが好き。（コインを落とすだけ）

☐ **自分ルールがある。**

☐ でも誰も自分ルールにはついてこられない。

☐ というか他の人は自分ルールの存在を知らない。

☐ 今でも「かくれんぼ」とか「鬼ごっこ」したい。

- [ ] うちべんけい。家では王様。

- [ ] 脳みそが痛くなる。

- [ ] 脳みそごと「パカッ」って外したくなる衝動。

- [ ] **ペンでぐしゃぐしゃ書いたゴミみたいなのが頭の中にいる。**

- [ ] 「ネコみたい」と言われる。

- [ ] 達成感はクセになる。

- [ ] ↑それだけのためにすごいがんばる。

☐ **わがままだって理屈はある。**

☐ ちゃんとあるのに誰も聞いてこない。

☐ だから理屈を言う場がない。不完全燃焼。

☐ **なんかものぐさ。(使い切ったトイレ紙の芯は床にポイ)**

☐ ものぐさだけど、お外では割とちゃんとやる。

☐ キントウンに乗りたい。

☐ し、自分は乗れると思っている。(ピュアだから)

☐ 根は素直。根は、ね。自分の中でだけ。

☐ 運とかじゃなく、全部自分の実力。って思う。

☐ **密かに負けず嫌い。でもバレバレ。**

□ 愛想笑いする。

□ いきすぎると、笑いが引きつって笑い方を忘れる。

□ ホントに笑えなくなる。

□ 「自分、不器用っすからぁ」って心の中でつぶやいた。

□ **ボケ〜ッとしてても、頭の中はものすごい速さで動いてる。**

□ 恥ずかしい過ちをなんだかよくしちゃう。恥ずかしい。

□ よく自己満足する。

□ **突然のデカイ音にすごくびっくりする。肝っ玉小さい。**

- **腹立ったらモノにあたる。モノ投げる。**

- その際、壊れてもさしさわりないモノを選ぶ。そこは冷静。

- 結果、手応えなさすぎてもっと怒りが増す。

- しばらくおさまりがつかない。その間にも投げるモノ探してる。

- それもやっぱり壊れていいモノ。

- よく毒をはく。

- 毒はきキャラに位置づけられることがある。

2 基本操作

- [ ] 居場所を求めてもうずっと旅してる。

- [ ] でもなかなか1ヵ所に落ち着かない。

- [ ] **自分は「妄想族」って思ったり言ったりした。**

- [ ] で「うわぁ、妄想族ってなんだよ」って恥ずかしくなった。

- [ ] 座右の銘がある。

- [ ] 四字熟語にひかれる。

- [ ] 誰かの言った「○○とは△△である」って言葉に弱い。

- [ ] でも、自分は自分で考える。

- [ ] たまに、自分でもビックリするほど上手いシャレを思いつく。

- [ ] でも人に伝える前に忘れる。

- [ ] でっかいペロペロキャンディはなめ始めたら最後まで。

- [ ] しゃべるとき、文章を組み立てながらしゃべるから言葉がとぎれとぎれに出てくる。

- [ ] 「これについてあなたはどう思いますか」って聞かれると、深〜く考えて深い意見を述べる。

- [ ] でも深すぎて、深読みしても読み取れない。

- [ ] 「素直になれ」って、天の邪鬼な自分を見せないで何が素直だっ。
  むしろ素直だよ。と思ったことがある。

- [ ] でも、人に素直な一面を見せると「かわいいなぁ」って小馬鹿にしたように言われる。

- [ ] そして無性に恥ずかしい。そこは流そうよ。

- [ ] 自分しか読めない暗号を考えた。

- [ ] メモ魔。

- [ ] もしくはそうしないと忘れる。大事なことも興味ないと忘れちゃう。

□ **利き手じゃない方を利き手にしようと試みた。ムダに努力。**

□ 言いたいことがあると、しゃべり終わるまでもうどーにも止まらない。

□ でもそれへの返事はどーでもいい。

□ でもちゃんと聞いてたっていう証は欲しい。

□ 言い終わらないうちにさえぎられると、しこりが残る。コノヤロー、クソがっ！　ってなる。

□ でもよくやられる。

□ 「だって長いしゴチャゴチャしてて飽きちゃう」らしいです。

□ 我慢の限度を超えて、我慢できる状況じゃなくても我慢する。

- [ ] **死ぬまで自分は16歳くらいで止まったままじゃないかなと思う。**

- [ ] 口には出さないけど、ずっと根にもつ。

- [ ] で、何かあると「コノヤローあんときはこうだったじゃんか」って思うけど言わない。

- [ ] **語りぐさになる「ありえない実話」の持ち主。**

- [ ] 聞こえてるのに頭の中で解析してるから、返事が２秒くらいズレる。

- [ ] で、返事しようと口を開いた瞬間に「聞いてる？」って言われる。

- [ ] 目をこする時間が長い。妥協は許されない。

- [ ] 予感が当たる。

- [ ] まかり通らないムリある真実を語る。豪語する。
「牛乳ってたぶん絵の具の白を溶かしたヤツだよ絶対」

- [ ] そろそろコレも飽きてきた。

- [ ] 「じゃあもうやめる」って言われると「もうちょっと」ってなる。

- [ ] 勉強の方じゃない「頭いい」って言われる。

- [ ] 自分の死後、本になるような人生を歩みたい。もしくは歩んでいる。

- [ ] **人物辞典に載りたい。**

- [ ] バウムクーヘンは端からむいて食べる。

- ## 迷った時は気分と相談。

- よく蚊にさされる。

- 一夏で10ヵ所以上。

- ってゆーのを誰かが自慢してくるけど、人様の蚊事情は興味なし。

- しないけど、いっそボウズ頭にしたい。できたら幸せだろうなぁ。

- ## 価値あるモノに価値をつけない。

- ## 価値ないモノに価値をつける。

- [ ] じっと座ってらんない。そわそわ OR 空想。

- [ ] 大胆。(にもほどがある)

- [ ] **屋根に上ってみたい。上った。**

- [ ] そして月見酒したい。1人で。

- [ ] コレって決めたらもうそれしか頭にない。
  夕飯はカレーとナン、カレーとナン、カレーとナン♪

- [ ] 裏切られてもう食べる気すら失せる。

- [ ] その時の脳内は「たらふく食う気満々」→「ただの栄養摂取」に急降下。

☐ いつも「縁の下の力持ち」。

☐ 誰も縁の下の様子は見に来てくれない。

☐ じれったいのは大キライ。

☐ 予備の予備を用意する。

☐ 本質はちがうのに、よく真逆に誤解される。
「よく覚えてるね人の顔と名前」いや、覚えませんよ。
「気利くよね」いや、利かないと言われますが？
「これ嫌いでしょ？」大好きです。

☐ のは、全部ムリしてるから。

□ 考えだしたら根本までさかのぼる。
戦争って？
そもそも国ってなんで分かれた？
１つの国じゃ人間はやってけないの？
人間てなんだ？

□ 異性でも友達になれる。自分の方は。

□ 重大発表！　わたくしジャメは、実はＯ型でした。タイミングがなくここまで引っぱってしまいました。ごめんなさい。

□ っていうのはウソだけど信じちゃった。

□ まだ疑ってる。Ｂじゃないから言ったんじゃないか？　とか思ってる。

□ これこのように、真に受けやすい。

□ 血液型話はなんだかんだいってＢ型が乗りやすい。盛り上がりやすい。

□ だって、それ以外の人は血液型に執着しないから。

2 基本操作

☐ **隠してるわけでもないのに聞かれると隠す。言いたくない。**

☐ 人に意見を求めるけど、結局自分で決める。

☐ 頼られると、ものすごくがんばる。

☐ でも独り相撲。

☐ 何かにつけて意味を見出したい。

☐ 「ケチ」と「太っ腹」の間を行き来する。

☐ 詰めが甘い。

□ 「時をおかないと解決しない」悩み事は大の苦手。
その間中ずっとどん底だから。

□ でも解決すると、なんでもないコトだったと思う。あれだけ悩んでおいて。

□ 一匹狼。孤高の人。

□ **自分は大器晩成型だ。**

□ と信じているわけじゃなくて、そうなんだ！

3 外部接続　　　　　　　　　他人

- [ ] 人の話聞かない。

- [ ] 他人情報はどーでもいい。（家族構成とか）

- [ ] 考えを理解してもらえない。

- [ ] 自分が認めてる自分らしさを人から言われるとウレしい。

- [ ] でも「あなたはこう！」って言い切られるとムカッ腹立つ。

- [ ] あまり人になつかない。

- [ ] **でもなつくと、とことん。**

- [ ] そんな自分を知る前に去ってく人がいると「もったいない」って思う。

- [ ] 自分がその立場だったらぜひ自分を手なずけてみたい。

- [ ] 人との会話中に思い出し笑いをする。

☐ みんなでワイワイの最中に、この後のことを考えて1人でウキウキになる。

☐ 「ごめん」は自分からは言わない。言えない。

☐ けど、相手が言ってくるとアッサリ「ごめん」。

☐ **まわりがやる気満々だとやる気しない。**

☐ **まわりがやる気ないと、がぜんやる気。**

☐ オチがないって言われるけど、自分にしたらオチのある話こそ「だから？」となる。
「○○行って△△買ったよ」「だから？　だからなんだ？」

- [ ] いじわるじゃなくて本気で分からない。でも冷たく聞こえちゃう。

- [ ] みんな号泣の映画はあまり泣かない。

- [ ] でも、子供の見るような単純なモノで大号泣。

- [ ] 誰かの行動がせつなくて胸が痛い。もう泣きそう。
「サラリーマンが、買ったケーキ落っことしちゃった」
「おじいちゃんが１人でコンビニ」
「おじさん必死で走ったのに電車の扉閉まっちゃった」

- [ ] 「なんのおかまいもしませんで」と言ってホントにしない。

- [ ] サプライズをやってあげるのは好き。

- [ ] **でも自分には誰もやってくれない。**

- [ ] Ｂ型をよく知る人に「Ｂ型はキレたら放っておくのが一番」て言われると「違うんだよ！　バカが、違うよ」って思う。でも説明できない。

□ 追われると逃げる。追われないとすり寄ってく。

□ 自分では大爆笑のネタが人にはウケない。

□ その理由も分かんない。

□ しゃべり出しがよく人とカブる。
「でさぁ」「でさぁ」「あっ」「あっ」「どーぞお先に……」

□ ↑の場合、相手にゆずる。

□ でも逆にゆずられるともう勢いがなくなっている。から消化不良で終わる。

3 外部接続

☐　人のケンカによく巻き込まれる。(関係ないのに)

☐　人の恋愛ごとによく巻き込まれる。(無関係なのに)

☐　集団の先頭に立つと、あんまり振り返りたくないけど、後ろが気になる。

☐　だから車確認するふりしてチラ見。

☐　**とゆーか、みんな歩くの遅い。速くっ。**

☐　**つまり駿足。足速い。**

☐　「みんなで共有」の他に「自分用」が欲しい。心おきなくね。

☐　１時間へーきで待たす。

☐　でもちゃんと責任はとるつもりで。

- [ ] 自分は待ち時間が苦痛じゃない。「フリータイムだ、好きなことしよ♪」

- [ ] だから、待つ間は必ずその場から動いちゃう。で、捜される。

- [ ] 人の悩みを自分の悩みにおきかえてアドバイスする。

- [ ] いきなり誘われるとウレしい。

- [ ] ほめられるより認められる方がいい。

- [ ] **「ふーん」「あ、そーなんだぁ」「へぇ、すごいね」ってよく言う。**

- [ ] その後の言葉は何も思いつかない。

- [ ] でも無理矢理続けようとすると疑問形になる。し、それしかない。

- [ ] その答えが返ってきても、興味ないので「ふーん」「そーなんだ」

- [ ] の繰り返し。

3 外部接続

☐ 人につき合わされても、それはそれで楽しむ。

☐ でも、人をつき合わせると、その人は楽しまないので摩訶不思議。

☐ 「好きに楽しめばいいのに」と思う。

☐ メールでグチをこぼされても「へぇ、大変だね」で終わる。

☐ さらにこぼされると返信するのに30分くらいかかる。

☐ 人ごみの中にいると「自分以外の人が消えちゃえ!」って思う。

☐ 本とか、なんか勧められると迷惑。よけーなお世話。自分で選べます。

- [ ] ナベ奉行やるときはやる。

- [ ] でも人が1回でもいじくると、
「あーもぉやんなっちゃった。あーあ」
って投げるし、泣きたい。

- [ ] 気を遣いすぎて「気の利かないやつ」みたくなってる。
「だって変に手伝うより全任せのほうがやりやすいじゃん……」
「だって口出すと進まないじゃん……」

- [ ] ボーダーラインは大切だ。

- [ ] 踏み越えようとする人には「入ってくんな」オーラを出す。(無言の圧力)

3 外部接続

- [ ] 世の中、なんでみんな外見しか見ないんだろって感じる。

- [ ] すごい年上と話が合う。

- [ ] 何か会を開くとき「誰を呼ばない」とかそーゆー話し合いはどーでもいい。
  来たい人が来ればいいじゃん、めんどくせってなる。

- [ ] メールでキツい冗談を言った後、返ってこないと不安。

- [ ] 「ヤバい怒らせた？」でパニック。

- [ ] だからフォローのメールするけどなかなか返ってこない。焦る。

- [ ] それでもしつこくメールするのもどうかな……でも……ってずっと迷う。

- [ ] 結局なんでもないコトが後日発覚。

- [ ] その瞬間、不安がふっ飛びキレる。

- ☐ 自分の部屋に他人を入れたくない。

- ☐ 食べカスとかこぼされると怒りメーターが一気に上昇。

- ☐ DVDとか見てる時、友達がいちいちツッコむと「あー、やっぱり1人で見ればよかった」って思う。

- ☐ 「もうその時期は通り越した」と思う同い年がいっぱいいる。

- ☐ 子供相手にムキになる。し、なんか一緒に遊べちゃう。

- ☐ メールを終えるタイミングが分からない。

- ☐ そして自分で終わらせようとするのに返ってきちゃう。

- ☐ 着信出る時「コワイ」「冷たい」って言われる。プルル……「ハイ」

3 外部接続

- [ ] 話してるコトを別の意味でとらえられてしまう。

- [ ] で、「勘違いしてるよ」って言えない。かわいそうだから。

- [ ] 誰かと話してて何か思い出せないことがあると、しばらく2人で考えるけど、
  「あー分かんない。もういいや」って言った後、実はずっと考えてる。

- [ ] ## 「理解してもらえない」と思った瞬間、その人との関係は「知人」になる。

- [ ] 自分が進めている計画は、時が来るまで人に言わない。

- [ ] 先輩肌にも後輩肌にもなれる。

- [ ] 上下関係あるのも割と好き。

- [ ] でも、ないのもヘイキ。

- [ ] でも、どっちかじゃないとヤダ。

- [ ] 頑固オヤジは嫌いじゃない。

- [ ] 努力してる姿は人に見せない。

- [ ] 人に起こされるとキレそう。

- [ ] 「具合悪い」ってすぐ言う人が嫌い。全然そう見えないし、自分に言われても困る。

- [ ] 「大丈夫？」とか言うのもめんどくさい。心から心配できない。

- [ ] 第三者であることが多い。

- [ ] 察しちゃいけないことを察しちゃう。
  「自分についてるウソを見抜いちゃう」
  「聞かれたくない話を聞いちゃう（偶然）」
  「自分のモノ壊しちゃった友人が必死に隠そうとしてる姿を見つけちゃう」

- [ ] 大勢の中で自分のことがネタになると、どーしていいか分からない。

- [ ] でも話題がそれるとおしい気がする。

3 外部接続

☐ 誘われたのに行けない集まりが気になる

☐ だから自分の今の状況を、何がなんでも楽しもうとする。

☐ **よく道を聞かれる。**

☐ しかも、相手は「年齢」「国籍」を問わず色々。

☐ 割と道で人につかまる。(キャッチ・美容師……)

☐ **無視するけど、心の中で「ごめん」って言ってる。
し、本気で同情する。**

- [ ] 誘ってもいつも口実を作って断る人がヤダ。

- [ ] だから、もう誘ってやんない！　って思ってんのにまた誘う。

- [ ] で、またウソの口実で逃げられる。ショックと共に怒り心頭。

- [ ] **「へたなウソつかないで嫌だって言えよ」ってなる。**

- [ ] でも、その人に誘われると行く。

- [ ] 割と人から相談される。

- [ ] 話聞かないって知ってるのに相談してくる。

- [ ] 「心のメリット」で人を見る。
  「この人は、自分のこと分かってくれる」
  「この人は、全部見せないけどバカさわぎできる」
  「この人は、相談ごとできる」

☐ **歌を口ずさんでる時、人が参加してくるとヤダ。**

☐ でも横取りされる。(あー、もぉ歌う気失せた。クソったれぇ)

☐ キレても語尾を甘くしちゃう。
「あぁ!?　そーゆーのヤメロヨ今度からしないで★」

☐ 結局ひるむ。離れてってほしくないから。で、自分から離れる。

☐ よく口実に使われる。
「今日、一緒に遊んだことにしてくれない？」

☐ そう言われると色々設定考えちゃう。
「じゃあ、○○時に会って△△行ったことにしよう」

☐ その時の頭の回転の速さは異常。

- [ ] 全然知らない人とその場で友達になる。(その日だけ)

- [ ] **行事とかイベントで、なんかいつもカメラ係。**

- [ ] だから自分があんま写ってない。

- [ ] しかも、他にカメラ持ってる人いるのに写ってない。

- [ ] で、焼き増し頼まれて、お金払ってもらえない。

- [ ] 言えない。

- [ ] 集合写真とかはいいけど、誰かが自分だけにカメラを向けると逃げる。
  ケータイカメラなんて言語道断。

- [ ] タクシーに乗ると運転手さんと気さくにしゃべる。結構盛り上がる。

- [ ] でも、話しかけてこないと最後まで無言。

- [ ] 人とバイバイした後ちょっとニヤニヤする。しかも振り返る。

- [ ] でも向こうが振り返ってるだろうって頃にはもう別のことで頭いっぱい。

- [ ] 電話の切り際がいさぎよくない相手はまだるっこしい。
「じゃあねー」「うん、じゃあねー」「うん、はーい」「じゃあねー」
「じゃあ」何回言えばいい？　ゴハン炊けるね。

- [ ] 用のない電話をする。

- [ ] だから中身のない会話をする。しかも相手には意味不明。

- [ ] で、用がある時に限って出てくれない。

- [ ] 嫌なこと頼まれると「返事」したくない。やるけど「ハイ」って言わない。
小さく抵抗。

- [ ] 人の貧乏ゆすり止めたい。

☐ みんなでしゃべってるのに自分だけ一歩外から見てるような感覚の時がある。

3 外部接続

☐ 自分より先をいく先輩などに人生とかのアドバイスされると迷惑。
同じ人生歩まないし、自分で決めるから。

☐ 内緒話は全然関係ない人に明かす。相手も内緒話って気づいてない。関係なさすぎて。

☐ 誰かに何かあげる時は、その人にとってベストなモノを選べる。

☐ でも自分は「どうしようもないモノ」をプレゼントされる。

☐ で、捨てられなくて困る。どーすんのコレ。

☐ **ネコに嫌われる。避けられる。**

- ☐ 外国人になつかれる。

- ☐ てゆうかリアクションにのっちゃう。

- ☐ みじめな思いをさせたくないから。

- ☐ 近しい人なのに、その人の身に何か起きても何も感じない。

- ☐ それでちょっと悩む。

- ☐ 「徹夜」を自慢みたく話されても困る。誰でもやってるし。

- ☐ 「遠慮はいらないよ」って遠慮しちゃうよ。

- ☐ でも自分がそれを言った時はホントにしなくていい。

- ☐ むしろされる方がやりにくい。

- ☐ 不幸自慢は聞いてません。「ふーん、そう」

☐ 暴走する人を放置。めんどくさい。自分に害がなければいい。

☐ 空気読まなさそうで読んでる。

☐ 読んでるけど壊しちゃう。
たいくつ。その空気がもうめんどくさい。

☐ でもほんとに深刻そうな時は存在感を消す。関わりたくない。

☐ 人が寝てると起こせない。うるさくできない。

☐ だから忍び足してしまう。

☐ でも自分は平気でうるさくされる。

☐ **欠点を指摘されて一応悩んでみるけど、直す気はさらさらナイ。**

☐ 自分で直そうと思わない限りは人が言ってもムダ。

☐ だから人にも直せって言わない。ムキになるのもヤダし。

☐ 「言わないで」と言われたら言いません。

☐ 「言わないで」と言ったらバラされます。
どしてかな？　聞いてまちたかー？　忘れちゃったデスカー？

3 外部接続

- [ ] 「あー分かる、分かる」ってなぐさめとか相づちなのは分かるけど、
「ん？」ってなる。

- [ ] 何が分かる他人のクセに。どこがどーゆー風に分かるか説明してごらんよハヤク。
ってなる。

- [ ] というかそんなコト聞いてるんじゃなく、ただ話を聞いて。お願い。最後まで。

- [ ] とかいいつつ自分は「分かるー」ってよく言う。

- [ ] でも本当にちゃんと分かって言ってる。

- [ ] そして「他人だから100％の理解はできない」というのを含めて分かってる。

- [ ] でもそんな深読みしてるなんてことは誰も分かってくれない。

- [ ] だからテキトーに言ってると思われる。

☐ **反対意見は大嫌い。**

☐ たいがい自分の理屈の方が納得だから。

☐ でも反対意見でも納得のいく説明をする人がたまにいる。

☐ **その人はスゴイって思う。**

☐ 大好きになる。

☐ そーゆー人はやっぱり自分をちゃんと分かってくれる。

☐ 会話をしてれば分かる。言わなくても伝わる。楽〜。

☐ だから「あなたはこう」って言われても納得しちゃう。

□ 聞かれたくないコトはよく聞かれても、聞いてほしいコトは聞かれない。

□ だから、聞いてくるように操ってみる。

□ みごと引っかかってくるとウキウキ。

□ でも顔にみじんも出さない。

□ 「自己中、冷たい……その他諸々」ってみんな言うけど、結局のところ、
B型は色んな人の色んな「あこがれ」が寄り集まってできてるって思う。

□ だって「ムリ」「不可能」「やりたいけど踏み切れない」と思うことを、
やっちゃいマス。

□ だから行動起こす気もないのにグダグダ言われても困る。
「もぉヤダぁ」「じゃ、やめれば？」「でもねー、そうすると…グダグダ」
「じゃあ言うな！」

3 外部接続

- [ ] 土壇場でも、自分は絶対裏切らないと断言。

- [ ] でも普段冷たく見えるから一番に裏切りそうって言われる。

- [ ] でもたいがいそう言ってる人に裏切られる。

- [ ] やっぱりねー。と思う。

- [ ] 自分が貸したモノはなぜか迷子になるらしい。(もうかれこれ10年とちょっと)

- [ ] 捜索願い出せず。(なくしたデショ？)

- [ ] 寄せ書きには必ず「芯があって自分をしっかり持っている人」とか書かれる。

- [ ] でもそれを見てなんか泣きたい。
  この人もやっぱり分かってなかったガッカリって思う。

- [ ] だから、そう書く人ってたいがい自分のこと分かってくれない。
  違うんだよな〜。そうだけど違うんだよ。

- [ ] 自分より年上に「かわいくない」って言われる。
  （放っといてください）

- [ ] **誰かが熱弁している内容を本人より熱く語る。**

- [ ] だから熱弁してた人が引く。

- [ ] いつもどこかで、自分に似ている人を追い求めている。

- [ ] だから、同じ考えの人がいると「この人の気持ちよく分かるー」ってすぐ言う。

- [ ] まわりが思ってるよりも「ホントに分かってる」はず。

- [ ] でもそれを誰かが言ってると「ウソだろ」って思う。

- [ ] 書いてる時、人に見られたくない。見られると書きたくない。

- [ ] そんな時は「ヘビに睨まれたカエル」みたくなる。
  じりじり。

3 外部接続

- [ ] 道歩いてるとき、人のためによけたくない。

- [ ] **あいにく「ゆずり合い精神」は持ち合わせておりません。
お前がどきなさい。**

- [ ] と思いながら、自分がよける。クソ！　この足がっ。

- [ ] 外で赤ちゃんを見かけると、なんでもかんでもリアクションする人はヤダ。

- [ ] しかも、よく話してる最中にされる。おいおい、話してる途中です。聞こうよ、ねぇ。

- [ ] 電車で、窓の外振り返ったのに、隣の人が勘違いしてこっち見てくると、イラっとする。

- [ ] 1人だと弱気なコトが、人がいるとがぜん強気。がみえみえ。

☐ 謎掛けっぽく話を終わらせたりするけど、誰も分かってくれない。
「ん？　あーうん。……？？」「あ、何でもない。気にしないで」

☐ 気にしていることをわざわざ人に言われると歯向かいたくなる。
「別にー、全然気にしてないしー」

☐ 誰かに「分かってないねー」って言われると
「おっと言っちゃったよ、そういうこと言ってる時点でそっちが分かってないよ」
と思う。

☐ B型っていじらしい。なんだか憎めない。

☐ 嫌がらせも、やること小ちゃいから。

☐ 言葉にすると失敗するけど、メールとか手紙だとイイこと言う。

☐ それで人を泣かすときがある。おい、泣いちゃったよ。感動した？

3 外部接続

- [ ] 人間でも動物でもジッと見られると引っ叩きたくなる衝動にかられる。

- [ ] 誰かの思い出の１ページに自分がいたい。(誰でもいいからとりあえず)

- [ ] 人がイライラし始めることにイライラする。

- [ ] だってその矛先が自分に向かって来るんだもん。大迷惑。

- [ ] Ｂ型の人が焦ってしゃべったり、誤解されてるところに居合わせると、
「大丈夫だよ。ちゃんと分かってるよ」って寛大になる。

- [ ] でもＢ型以外だと「ププーッ！！！」ってなる。

- [ ] 難しいと言われる性格だけど、分かればうまく扱えると思う。

- [ ] だけど自分が認めた相手じゃないと扱われたくない。扱わせるもんかっ。

□　A型に間違われるときがある。

□　し、A型と間違う人はなんかキライ。

□　久々に会った人に「今何してるの？」と聞かれても、それを聞いて何かあるんですか。と思う。

□　逆に自分はあんまり聞かない。興味ないし、答えの答えに困るから。

□　同じB型でも、相手の立場が上だと振り回される。けっこう迷惑。

□　だから、B型の人は好きだけど、自分に害がおよぶと同族嫌悪する。

□　悩み・不安は遠くの人に話してスッキリ。近くの人にはなかなか言わない。

3　外部接続

- □ 「誰とドコ行った」は言わなくちゃいけないの？ 何それは強制ですか？

- □ 深刻じゃないのに深刻にしようとする人はキライ。

- □ そして、深刻そうに話してると、笑いそう。

- □ **気に入ったお店は人に教えない。**

- □ 「自分のまわりにはB型が集まってくる」ってB型以外が言うと、
「はぁ？ うぬぼれんなっ」ってなる。

- □ 「屁理屈だよ」って、そーですけど？ 君にとってはそーでしょうとも。
って説明する気も失せる。し、なんだこの脱力感。

- □ 欲しいモノがあると、まわりのB型とカブる。

- □ やっぱりなんか通じるモノがあるのかな。

- □ でもカブったら買わない。同じはイヤ。

☐ 外で知り合いを見つけると逃げる。スタスター。

☐ 夢を追いかけてる人が好き。

☐ けどその夢の熱い語りはいらない。

3 外部接続

4　色々な設定　　　　　　　　傾向／趣味／特技

☐　趣味が多い。

☐　３Ｄ（寄り目にすると見えるやつ）が得意。

☐　地味にいたずらする。効果はデカイ。

☐　ホワイトタイガーとか、鷹やふくろうを飼ってみたい。

☐　結構アナログ好き。
　　「メールもいいけど、手紙出してみよう」
　　「洋服もいいけど、着物着たい」
　　「黒電話でめんどくさくかけてみたい」

☐　でもいつもはイヤだ。

- [ ] 意味不明なモノを買う。（便器型キーホルダー・30センチのでかい鉛筆とか）

- [ ] **部屋には自分しか理解できない趣味のモノが必ずある。**

- [ ] 間違い探し得意。

- [ ] 誰も読まないような「不思議な本」を1冊は持ってる。

- [ ] **「危険な香り」に魅力を感じる。でも深入りしない。こわいから。**

- [ ] 時代劇にハマったことがある。

- [ ] お金がつきるまで電車でどこまでもあてなく行きたい。突然に。
  「コンビニ行ってくるー」→そのまま旅

- [ ] **途中下車の旅「1人」でしたい。**

- [ ] その時ハマっていたモノの影響を受けやすい。

- [ ] **押し入れとかで寝たことがある。**

- [ ] ○○フェチの場所が変。

- [ ] 変な「おもちゃシリーズ」を集めたことがある。

- [ ] し、結局ゴミ行きになった。

- [ ] トイレは落ち着く。だから、何もなくてもこもった。

- [ ] カギになんかジャラジャラつけてる。

- [ ] でもストラップはあんまりつけたくない。（ジャマ）

- [ ] でもつけるとなればウザイほどつける。

- [ ] **オセロでは黒を持ちたい。**

4 色々な設定

- [ ] 「小さい時、サイン考えるの流行ったねー」って大人になってからも考えた。

- [ ] しかも今ある。使ってる。別に誰かにあげるわけでもないのに。

- [ ] 本屋とか、ホームセンターとか、ビルごと店屋が好き。

- [ ] 気づけば一日中いる。

- [ ] でも、誰か連れてくとせかされるから腹立つ。
  「はいはい分かった今行くよ。あー、やっぱ1人がいい」

- [ ] 自分のコト歌ってるような歌詞の曲は好きになる。

- [ ] でも、それ以外は歌詞では選ばない。

- [ ] 木登りが好き。

- [ ] 体育館が学芸会とかで真っ暗になるとワクワクしちゃう。

- [ ] カミナリとか、空の色がまがまがしいとワクワクしちゃう。

- [ ] **くっだらない特技がある。けっこう自慢。**

- [ ] RPGのコツコツさがたまらない。

- [ ] けど人にはさわらせない。

- [ ] 人にさわらせるときは別メモリにする。

- [ ] 着メロが変。自分しか分からないのとかある。

- [ ] なんだかよく分からない抽象画はホントによく分からない。あえて分かろうともしない。感覚でクリア。

- [ ] 映画評論は人に通じない。

- [ ] ↑全ては「感覚的」「哲学的」「理論的」だから。つまりはヘタクソなんだ。

- [ ] ハモるのが上手い。

- [ ] スポーツ選手ってB型が多い気がしてしまう。

□ 家で飼ってる動物に落書き。(まろの点々描く・あるのに ヒゲ描く)

4 色々な設定

□ 占いとか心理テスト、信じたくない。信じたくないけど見ちゃう。
ちょっと見るだけ。こーゆーの知っておくのも勉強。

□ で、当たってると信じる。「へぇ、"あなたは気まぐれ"。当たってるよ」

□ 絶叫マシン好き。

□ 1回じゃ足りない。(最低3回は乗りたい)

□ でも誰もつき合ってくれない。後ろ髪引かれる。

☐ 線香花火は割と好き。こう地味にねパチパチって。

☐ ↑これやってるときは誰も話しかけてくるな。って思う。

☐ **というか、集中してるときは誰も話しかけてくるな。
放っといてくれ。ってなる。**

☐ というか、話しかけてくるとキレそう。
　うっせーよぉ、あーもうせっかく。もおぉぉ。なげやり。

☐ 人間観察する。

☐ しかも全然知らない人。(道行く人とか)

☐ でも別に何を思うわけでもなく。

☐ だって興味ないし。

- [ ] SとMなら「ドS」。(個人差あり。けど「ド○」に変わりない)

- [ ] 意味ない言葉や漢字を覚えておく。「天麩羅」「御御御付け」(大人に聞こう)

- [ ] 分かったことはなんの役にも立たないってこと。

- [ ] そのくせ「宜敷く」とか書けない。

- [ ] いい歳こいてお風呂で水鉄砲とかして遊んでみる。ピューッて壁のシミを狙撃。

- [ ] 焼きそばの具はいらない。「そば」と「野菜炒め」に分けたい。

4 色々な設定

- [ ] ハマったらつっ走るから一見オタクとかマニアっぽい。

- [ ] でも飽きるのも速攻だから違う。忘れるのも早い。

- [ ] マジックとか宴会芸とか割と知ってる。

- [ ] みかんの白いやつ、むきはじめたら止まらない。

- [ ] しかも、全部むき終えるまではイッコも食べない。

- [ ] で、パサパサになる。

- [ ] でもある時は白いやつ全部ついたまま食う。(めんどくさ。もおいいや)

- [ ] ひどい時はみかん全部ひっついたまま丸かじる。

- [ ] TVでスポーツ観戦中、リポーターの口おさえたい。
「あ、ちょっ、うるさい！　今大事！」ってなる。
自分より先に「あぁ！」とか言われたらもう立場ない。

- [ ] 以前泣いたシーンで、懲りずに毎回泣く。

- [ ] し、毎回心構えしてる。(この次泣くぞー、うっしコイ！)

☐ できそうもない無謀な身体技もできそうな気になる。
「前屈べったりできそう」
「助走つけて壁のぼれそう」
「階段の一番上から下まで跳んで着地できそう」
「バク宙できそう」
「ロッククライミングできそう」
「忍者みたいに屋根までジャンプできそう」
「あと水の上歩けそう」

☐ ↑できるヤツあると「自分できます」って言いたい今。

☐ なんか地球儀好き。

☐ セメダインに魅了される。

☐ もしも生えるなら、白い羽根より黒い羽根。バッサァ。

- [ ] ストローかじる派。

- [ ] クロール派。ガツガツ泳ぐ。

- [ ] 自分の部屋に、遊び道具満載。
　　TVゲーム、ダーツ、カード、テーブルゲーム……。

- [ ] 食パンは耳をとってから食べる。

- [ ] 昆布茶とか玄米茶とか、渋いもん好き。

- [ ] 映画の予告編で泣く。

- [ ] 「目の前の崖からジャーンプ」ってホントにやるのがBだろうな。

- [ ] 同じモノに何度もハマるのを繰り返す。

- [ ] だから、集めたモノとかとっておく。また使うことになるから。

☐　B型は隠し味がいっぱい。
　「それは思考の中に。（気づいて）」
　「それは言葉の中に。（気づこうよ）」
　「それは行動の中に。（気づけよいいかげん）」

☐　だいたい気づかず食す人が多い。だから離れてく。誤解される。

☐　ムダ知識を持っている。
　「いろはにほへと全部言えるよ。自慢気だけどーでもいいこと」
　「歴史にやたら詳しい。ある時代のごく一部だけ」
　「オセロの必勝法。いつ誰と真剣勝負すんだ」

☐　電話のベル、チャイム恐怖症。絶対出ない。ケータイは別。

4　色々な設定

☐ 消しゴムの角をなかなか使わない。使いたくない。

☐ 友人にあっけなく使われると、煮えくりかえるほどムカつく。けど笑顔。

☐ 地味でめんどくさい作業を楽しめる。

☐ 新品をまんまと「使いこんでる風」に仕上げる。
投げる。ぶつける。踏みつける。角にゴリゴリする。

☐ B型は男も女も同じ意見が通る。

☐ 自分は世間一般に言われる「男思考」だと思う。男女問わず。

☐ 歴史上の人物で「こいつBだな」って思う人がいる。
「信長」
「坂本龍馬」
「土方歳三」
「レオナルド・ダ・ヴィンチ」

☐ なんでそう思うの？　っていうと、ニオイで。

5 プログラム 仕事／勉強／恋愛

☐ 長続きしないけど集中力がすごい。

☐ 暗記が得意。でもすぐ忘れる。

☐ 成績表はムラだらけ。

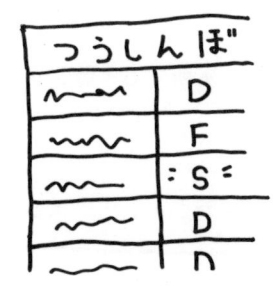

```
つうしんぼ
～～   D
～～   F
～    =S=
～～   D
～～   D
```

☐ 消しゴム小さくなってくると、もう使わないで次いきたい。

☐ シャーペンの芯は3回くらいカチカチして使う。

☐ 1回しかカチカチしない人が気になる。

- **筆記試験の時、見直しするけど途中で飽きる。**

- あとはもう自分の実力にまかせる。

- マンガって意外と勉強になる。たいしたもんだへぇって感心した。

- 「勉強できる」は役に立たない。自分には。

- 何か作ってる時、1ヵ所でも失敗したらスタートに戻りたい。

- テスト前「勉強してないー」ってホントにしない。

- 当日までしなかったことある。

- でもある時は、はりきりすぎて1ヵ月前から始めちゃって飽きる。

- [ ] テスト教科1つ見落としてて当日までその存在を知らなかった。

- [ ] でもテスト始まる前の数分でありえないくらい集中してなんとかなった。

- [ ] 大学の単位はあっけない理由で落とす。
「レポート出すの忘れてた」
「出席数足りない。確信犯（やる気ナシ。ついでに興味もナシ）」

- [ ] でもあんまり気にしない。どーにかなる。する。

- [ ] あと何回授業休めるか計算してた。

- [ ] 休めるだけ休んだ。

- [ ] 煮詰まったらもぉ何も考えない。

- [ ] そうするとギリギリでいいこと思いつく。

- [ ] パターンを知ってるがゆえ繰り返す。

5 プログラム

☐ **グループ制作苦手。**
「で、どーする？」「で、どーしよう」「で、どーすんの？」
「で？」
つまり考えてないでしょ君たち。ってなる。

☐ 結局、自分がやるはめに。

☐ グループディスカッション嫌い。

☐ だって答えないんでしょ？　って問いたくなる。

☐ 「みんなで１つのことについて話し合う過程が大事」って、
過程も何も、興味ないので初めから身になってない。

☐ でも１対１の討論はドンと来い。興味の対象に限る。

☐ 自己責任の「やんなくちゃなんないコト」はダラダラやる。

☐ 連帯責任の「やんなくちゃなんないコト」はガツガツやる。
早く終われ。早くっ。必死。

☐ やれと言われればリーダーもできる。

☐ でも、一見できなさそう。

☐ 恋愛において、男とか女よりも「人間」を見てほしい。

☐ 愛より恋。

☐ なんでだか、やっかいな恋をしてしまう。

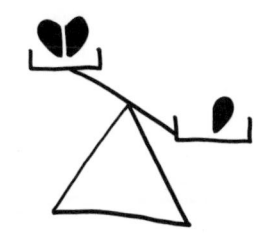

5 プログラム

☐ 恋をするとストーカーみたいなことする。
「あの人が触ったモノ。お守り」
「あの人の服の色チェック」
「あの人としゃべった回数メモ」
「あの人のモノこっそりゲット」

☐ 誰かの恋愛論は聞いてない。

☐ 自分には自分のやり方があるから、アドバイスなんていらない。

☐ 恋愛中の自分は割と好き。

☐ 本気で好きになったのは数えるくらいだ。

☐ 苦しくて苦しくて、いつも心臓につっかえた感があったあの時。
　よくがんばった！　未来に向けてエールを送ります。

6　トラブル・故障した時は　自己崩壊

☐　ちょこちょこキレるが、本気でキレるのは年に1回あるかないか。

☐　本気でキレると黙る。言葉を消去。

☐　**で、「何もなかった」ことにする。対象者の存在すら消す。**

☐　思いもよらぬことでキレるからビックリされる。
　「話してて突然（笑ってたのに）」
　「くすぐられて」
　「頭触られて（触んなっ）」
　「カバンの中見られて（ここは自分だけの世界です）」
　「部屋のモンいじられて（置き位置変えないで）」

☐　誰かに腹が立つと、相手に変な攻撃をする。
　「ティッシュばらまく」
　「氷ばらまく」
　「そいつのモノばらまく」
　後片付けが大変なだけ。

☐ 道で、野良猫とかハト見るとうずうずしてくる。

☐ もうおさえられない。「わぁ！」って追っかけちゃう。

☐ 酒好き。

☐ 酔っても人を頼らず。

☐ たいてい自分でどーにかする。なる。意地。（ホントは千鳥足）

☐ 誰も酔ってることに気づいてくれない。

☐ それが悲しい。でも大丈夫なフリをする。

- [ ] いつでも情緒不安定。

- [ ] でも人には「自分、情緒不安定なんだ」って言いたくない。

- [ ] なぜなら、「また言ってるよ、うざったい」って思われたくないから。

- [ ] そして、そーゆー人と一緒にされたくないから。

- [ ] プチうつ病じゃないかって心配したことがある。

- [ ] 突如、ご乱心あそばす。

- [ ] でも理由は心の内に。

- [ ] ご乱心の数分後は「何ごと」もなかったようになる。

6 トラブル・故障した時は

7 メモリー・その他　　　記憶／日常

- [ ] 世の流行とタイミングがズレる。

- [ ] 自分だけのブームが世の流行になってしまうことがある。

- [ ] 結果、自分と「同じ」が増殖。テンション↓

- [ ] 自分が先なのに……って思うけど、人に言うとやっぱり白々しい。

- [ ] ↑の熱い訴えは人に届かず素通り。

- [ ] モヤモヤがあとを引く。んんんんんなぁああああああってなる。

- [ ] 買ったモノが後日値引きされてた。でも、「数日間のるんるんな幸せ」を買ったと思うから、別にショックじゃない。

- [ ] 運命的な出会いをした「モノ」は何がなんでも手に入れる。

- [ ] たまに、どーでもいいことを疑問に思う。
「空までの距離って、日本からどの国くらい？」

- [ ] たまに、どーでもいいことを思う。
「空飛びたい」

- [ ] それを声に発して、まわりが「はぁ？」ってなる。

- [ ] でも気にしない。

- [ ] 考えすぎた夜は、目をつむると「何もない」と「ごちゃごちゃ」が同時に見える。

- [ ] **夜中に突然、部屋を模様替えし始める。**

- [ ] **「常識」とか「普通」って言葉がイヤ。かろうじて「一般的」。**

- [ ] **何かに名前をつけるとき、真剣に考えちゃう。**

- [ ] その結果、複雑になりすぎて結局どーでもいい名前になる。

- [ ] 小さいことでも、幸せを感じられる。

- [ ] そしてそれは人には分からない。

- [ ] 音楽鑑賞とかの行事、みんなバカにするけど実は、「ジャーン！」て鳴ると泣きそう。でも内緒。

- [ ] テレビで「チーターの狩り」を見ると似てるって思う。短期集中型。

- [ ] テキトーにやったことが「おしゃれ」になってる時がある。

- [ ] ナルシストじゃないけど、ガラスとか鏡見ちゃう。

- [ ] それを見た人が「ナルシストっぽい」って言ってくると、「なんて期待を裏切らない人だろう」と思う。絶対言うと思った。

- [ ] 時間とか目的地とかなく歩くと幸せ。

- [ ] その幸せを誰とも分かち合えない。

- [ ] 変な歌詞の歌に、なんか納得。

- [ ] 買い物中、連れにべったりついてこられるとイライラする。

- [ ] 店員さんも来なくていい。逃げる。

- [ ] 店内にいるとき、悪いことしてないのに挙動不審。

- [ ] 「あやしまれる！　いつも通り、いつも通り」って意識すると、ますます挙動不審。

- [ ] 髪型とか服装がコロコロ変わる。

- [ ] のは、1つのイメージに固定されたくないから。何者にもなれるからおもしろい。

- [ ] 鏡で自分の顔を見ながら吹き出したことがある。

7 メモリー・その他

□ やたらカバンが重い。

□ いらないモノも持ち歩く。

□ コーンアイス型チョコのお菓子。下の部分折れてると泣きそう。

□ 歩いている時、意味なく真上を見上げる。

- ☐ **「とことん掃除」と「全然やらない」の繰り返し。**

- ☐ 計画なく掃除し始める。

- ☐ 自分のテリトリーだけキレイにする。

- ☐ テーマパークに行っても、キャラクターと写真撮るなんてめんどくさい。
  「おーおー、たかってる、たかってる」って高みの見物。

- ☐ でも、撮ることに専念したら、他はそっちのけで食らいつく。

- ☐ 全然差別しない。

- ☐ 法律について真剣に考えたコトある。

- ☐ でも考える点が、明らかにおかしい。

- ☐ 小さいとき、空き地とかで妄想しながら1人で遊んだ。

7 メモリー・その他

☐ 「大人になりたくない！」って真剣に悩んだ。

☐ でもよく考えれば、「なりたくない！」の前に、大人になれない自分。

☐ お布団ちゃんとかけないと気になる。

☐ **布団から足はみ出して寝たくない。
なんかコワイ。何かにつかまれそう。**

☐ でも夏はカクゴ決めて出しちゃう。

☐ 夢とか他人事で、尋常じゃないくらいシンクロする時がある。

☐ でも普段はその感覚を思い出せない。

- [ ] ゴハンの時、1品ずつたいらげてく。三角食べできない。

- [ ] よく聞かなきゃならない時「よく聞かなきゃ」って考えてて聞き逃す。

- [ ] もったいながり。けっこう後で使えそうなモノをとっておく。

- [ ] でも、掃除の時ウソみたいにあっさり捨てる。

- [ ] 部屋にあるモン全部捨てたい。

- [ ] でも捨てない。困るから。

- [ ] **説明書読まないのにだいたい分かる。**

- [ ] 分からなくなったら説明書を徹底分析。

- [ ] ホントはみんなが持ってないデザインのケータイがほしい。

- [ ] でも機能が気に入らないから変えらんない。

7 メモリー・その他

☐ 使えるけど、パソコンとケンカする。

☐ 本気でパソコンにキレる。

☐ サイト開く時、「右下の待ち時間メーター」みたいなの腹立つ。

☐ デジタル時計って分かりにくい。

☐ ちゃんと文字盤ないと計算しにくい。したくない。

☐ **自分の居場所の中で「1人になれる空間」を探しちゃう。**

☐ また、持っている。知っている。でも教えない。

☐ 寝床のまわりにだいたいのモノがある。

☐ 届かなくても絶対そこから動かず取ろうとする。

☐ 割と取れる♪

☐ 過去を振り返ってみると、なんだかんだ「山」あり「谷」あり。「川」もある。

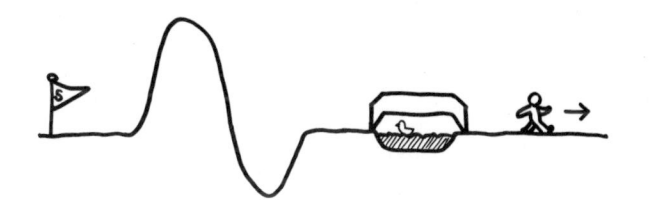

☐ 小さい頃「知らない人についていきそう」で心配された。（そこはちゃんと分かってる）

☐ 小さい時、迷子になった。

☐ しかも自分は迷子のつもり全然ない。

☐ 今も、迷子になる。

☐ ほぼ同じなのにタイプの違うモノ全て選ぶ。色とか形とか、微妙な差。

☐ 弁当は隠して食べた。

☐ 無理矢理フタをひっぺがされてマジギレ。

7 メモリー・その他

- [ ] 自分がしゃべるときは人の目を見ない。

- [ ] でも、人がしゃべってる時じっと目を見ることがある。

- [ ] そのうち吹き出しちゃう。

- [ ] ずっと昔の「記憶の片隅」にあったことが、突然「今」とつながった時、「うわぁ」って１人で感動。

- [ ] でもその感動は誰も受け止めてくんない。

- [ ] 少しずつ貯金できない。

- [ ] するなら万単位。

- [ ] だから、無理がたたって挫折するのも早い。

- [ ] ほしいモノがあると一日中探し歩く。何キロ歩いてんだ？ってくらい歩く。でも全然がんばれる。

- [ ] お札の方向そろえちゃう。

- [ ] 世の中の時間の動きと、どーも合わない。

- [ ] 日本とか世界の情勢より何より、自分でいっぱいいっぱい。

- [ ] イヤホンはまだいいけどヘッドホンは外で音大きくできない。

- [ ] だからほとんど雑音にまぎれて聞こえない。意味ない。

- [ ] ラッシュ時に改札で自分の前の人がつまる。よくある。

- [ ] だから体をずらして「自分じゃないよ」アピールする。

- [ ] ぬれぎぬはごめんだ。

- [ ] なんでかよく道で人とお見合いしちゃう。

- [ ] しかもなかなかぬけ出せない。
  「右」「左」「右」「左」「左」「！」

- [ ] 小さい時、雨が降ると道路脇の水が流れてるトコロを歩いた。

- [ ] また、ある時は何時間も家に入らず雨に打たれた。(カゼひけぇ)

- [ ] ただ寒いだけで終わった。学校休めず。

- [ ] 立ちくらみしてる時の自分を見てみたい。絶対、変。

- [ ] お化け屋敷は「見た目の怖さ」より「ビックリ」のほうがコワイ。

- [ ] だから歩くお化け屋敷は入らない。

- [ ] 黒猫が横切ろうとしたら、何がなんでも横切らせないようにする。斜め歩きになってる。1人でもやる。

- [ ] でも不審がったネコが横切って逃げる。ふんぬおあがああああああってなる。

- [ ] ということが何回もある。

- ☐ 夜中起きて無心で何か食べる。夢遊病？

- ☐ そして何ごともなかったように寝る。

- ☐ 朝、胃がもたれてる。

- ☐ お金ないと髪の毛とか自分で切る。

- ☐ **人と歩いてるとき、いきなりかくれんぼ始める。**

- ☐ 無視されてグダグダに終わる。

- ☐ よく計画が不発に終わる。

- ☐ 「できそう」って思ったら自分で修理しちゃう。

- ☐ だって修理出すのもめんどーだし、待てない。思ったらすぐ。

- [ ] ハガキを毛筆で書いた。わざと汚く。その時は完璧に見える。

- [ ] とゆーか年賀状めんどくさい。

- [ ] 出しても、てきとーなことしか書かない。

- [ ] 喪中から何年も出さなくなる。

- [ ] 「こーゆー時に限って」が多い。

- [ ] 小学校時代「手いたずら」してた。

- [ ] 机の下で何かしてた。

- [ ] だってこの授業は興味ありません。

- [ ] この頃から「我」は着実に育っていました。おめでとう！

- [ ] 手いたずら治らなすぎて病気じゃないかって本気で心配された。

- [ ] 買ったらすぐ開けたい。ビリビリ。

- [ ] 明治チョコのイメージソングで泣きそうになる。あのメロディがなんとも。

- [ ] 自分が考えたアイディアがその後、誰かの手によってまんまと商品化される。
「あぁこれ！　先越されたぁ」

- [ ] とか言うけど、実現する気もない。

- [ ] って言うのは建前で、本気で実現狙ってる。いつも心のどこかで。だからくやしい。

- [ ] カップ麺の時間を守りません。さまざまな理由につき。
「カップ麺ごときが人の時間を拘束できると思うなよっ」とか思う。

- [ ] 地図なくてもおおよそ分かってれば、まぁ辿りつける。カン？　方角は「あのへん」。

- [ ] でも知らぬ土地を１人で散策してると迷子になる。
「あれ？　どっちから来たっけ今？」

- [ ] だって道なんて見てないし、自分ワールド全開だから。

7　メモリー・その他

- [ ] ちょっと不安になる。

- [ ] 「でもまいーや」でなんとかなる。終わりよければそれでいい。

- [ ] 子どもだった時「子ども社会」は通用しなかった。

- [ ] 大人になった今「大人社会」は通用してる。と思いきやしてない。

- [ ] どの世代でも「枠」「型」にハマれない。

- [ ] それ以前に「枠」「型」ってドコ？ 何それ？ どれ？ そこ？

- [ ] ずっと前から楽しみだったテレビを見逃す。忘れてて。

- [ ] 「今回は忘れなかった、るん♪」で見てるテレビも、何か考えてて見逃す。

- [ ] スリルある状況によくおちいる。

- [ ] し、ムリにでも実行する。

- [ ] 旅行に行く際、なぜか必ずヒマつぶしのモノ持ってっちゃう。

- [ ] しかも誰かが持ってるモノも自分専用に持って行く。借りたくない。

- [ ] だからよく人に貸すはめになる。

- [ ] 昔みんなで踊った白クマのダンス。「触るんじゃねぇ！」って思った。しかもなんだ、ゾロゾロと。

- [ ] だから、じゃんけんで勝ったらつねるゲームも「触るんじゃねぇ！」って思った。手はたき落としたい。

- [ ] よくこっそりと願掛けする。

7 メモリー・その他

☐ 電話中、気づくとなんかいじってる。

☐ お茶してる時、気づくとなんかいじってる。
（ワタシはストローに紙ナプキンを破ってさします。ヤシの木になります）

☐ 会話中、気づくとなんかいじってる。（面接など困った）

☐ しかもティッシュとかビリビリにしてる。紙もビリビリ。

☐ 足でモノを取る。器用に。

☐ １人で道を歩いている時、恐いオーラを放っている。

☐ 世間の「暗黙のルール」にギモンを感じる。

☐ し、逆らわずにはいられない。

8 その他シミュレーション その時B型なら

□ 童話『ヘンゼルとグレーテル』
親に森で置き去りにされました。2人がB型だったら。
→家に戻らずとんずら。さて、旅にでも出るか。

□ 童話『北風と太陽』
旅人のコートを脱がせるのはどっち？ どちらかがB型だったら。
→試合放棄。興味ないので1人でがんばって。

□ 童話『ブレーメンの音楽隊』
動物たちが協力して人間を驚かせ、まんまと飯にありつく。動物がB型だったら。
→ムリムリ。そんな協調性はない。

- 童話『ハーメルンの笛吹き男』
  ネズミ退治の報酬をくれなかった腹いせに、子供たちを隠します。彼がB型だったら。
  →……うん、やるやる。当然。3倍返し。

- 童話『金のオノ、銀のオノ』
  あなたの落としたオノは金のオノ？　銀のオノ？　普通のオノ？　木こりがB型だったら。
  →その問いかけ長い。オノはいーよ。それよりあなた誰？ドコ住んでるの？　息できるの？　興味津々。

- 童話『シンデレラ』
  姉たちにこき使われる毎日。「髪をとかしてちょうだいシンデレラ」
  シンデレラがB型だったら。
  →やー、そこはやっぱもらうモンもらわないと。きっちりしようよ。命令もなしで。

☐　昔話『ウサギとカメ』
　どちらが速いか競争しよう。ウサギがB型だったら。
　→とりあえず走ってゴール。じゃないとゆっくり寝てらんない！

☐　童話『赤ずきん』
　狼に食べられるも、助けてもらいハッピーエンド。彼女がB型だったら。
　→狼がしてほしい質問は絶対しない。
　「おばあさん、どうしておばあさんのおめめはそんなにデカイの？
　どうしておばあさんのお耳はそんなに長いの？
　どうしておばあさんのおく……つはそんなにクサいの？」

8　その他シミュレーション

☐　童話『おおかみと七匹の子やぎ』

狼が訪ねて来た時、うっかり家の扉を開けちゃった。さぁ、どこかに隠れなきゃ。子やぎの1匹がB型だったら。

→本気でかくれんぼを楽しむ。捕まったらその時に考えればいーや。どうにかなる。でも捕まんない。

☐　昔話『桃太郎』

きびだんごで仲間をつり、共に戦います。彼がB型だったら。

→まずはだんご1個を3等分して与える。前金ね。後はやることやってくれたらあげるよ★　がんば。

☐　昔話『かぐや姫』

月からお迎えがきて、おじいさんおばあさんと泣く泣くお別れ。姫がB型だったら。

→月に帰った後も、どーにかして戻ってくる。できちゃう。

☐ 童話『白雪姫』

毒リンゴで死んでしまう。彼女がB型だったら。

→そんなあからさまにあやしげなリンゴはいりません。

他人からもらいモンは受け取りません。

自分で買うから放っとけぇ。

☐ 昔話『つるの恩返し』

助けてくれたお礼をします。つるがB型だったら。

→やるやる。無償で助けてくれたなら、なんとか恩返しします。

ありがとね助けてくれて。だけど、やっぱり、はた織り姿は見せたくない。

8 その他シミュレーション

9　計算の仕方　　　　　　　　B型度チェック

すべての項目チェック終了です。
まだ足りないよと思う方は、さらに自分を知ってみましょう。

これから、自分がどのくらいのB型度なのか調べてみましょう。
でも、数えるのはめんどうなので、だいたいで良し。下から選んで下さい。

A　オールチェック
B　ページあたり1、2コはチェックがつかない。
C　ページあたり4、5コはチェックがつかない。
D　ページのほとんどチェックがつかない。

＜結果＞
A　完璧なB型人間。けっこう迷惑してる人が多そう。でも気にしなーい。
B　限りなく「典型的B型」と言われる人間に近い。でも人間が好きな人情派。
C　我が道でいくより現実をちゃんと見てる人。だけど、信念は捨てない。
D　一見するとおおらかそう。でも一番B型気質が強いかもしれない。

お疲れさまです。しかし、
実は、まだ終わっていません。
今の結果は全部でたらめです。忘れて下さい。
その代わり、結果を見て何を思いましたか？
下から選んで下さい。

1　満足しなかった。勝手に決めつけやがって、と思った。
2　不快感が残った。それっぽい、でも認めたくない。どっちつかずでモヤモヤした。
3　結果を読んで色々考えた。そういう自分もあるし、そうじゃない時もあって……と。
4　なんか、どーでもよくなった。考えるのも投げた。あぁめんどくさい。

＜結果＞
1　それもＢ型。
2　それもまたＢ型。
3　そういうのもＢ型。
4　そういうとこもＢ型。

つまり、Ｂ型度なんて知るか。です。
人間だもん。Ｂ型だもん。色々あるもん。です。
自分が決めたＢ型が「Ｂ型」ってもんです。それでいいんです。

それがいいんだ。

さいごに

□　ここまできて自分が見えてきた。分かってきた。

□　愛すべきはＢ型。

「という人間です」

これがＢ型の全てではありません。
Ｂ型だけに当てはまることでもありません。
Ｂ型だからこうというわけでもありません。
人は十人十色ですから、ワタシにはワタシの、
アナタにはアナタの、あの人にはあの人の、
それぞれが作り上げてきた「自分」があります。
それは、たった１人しかいない人間が
たった１つしかないこれまでの時間の中で

色んなピースを集めて組み立ててきた唯一のモノ。
だからこんな小さな世界に閉じ込めることは到底不可能です。
ただ、自分をうまく説明できないB型の、
B型のことをちゃんと知りたい誰かの、
少しでもお手伝いができたなら。

著者プロフィール

Jamais Jamais（じゃめ じゃめ）

ある年のある水曜日、東京都に生まれる。
大学の工学部をリタイア後、美大の造形学科でリスタートを切る。
現在は建築設計を生業としている。

B型自分の説明書

2007年9月15日　初版第1刷発行
2008年4月10日　初版第13刷発行

著　者　　Jamais Jamais
発行者　　瓜谷 綱延
発行所　　株式会社文芸社
　　　　　〒160-0022　東京都新宿区新宿1−10−1
　　　　　　　　　　電話　03-5369-3060（編集）
　　　　　　　　　　　　　03-5369-2299（販売）

印刷所　　株式会社エーヴィスシステムズ

© Jamais Jamais 2007 Printed in Japan
乱丁本・落丁本はお手数ですが小社販売部宛にお送りください。
送料小社負担にてお取り替えいたします。
ISBN978-4-286-03202-3